水运工程施工标准化建设指南系列

Shuiyun Gongcheng Shigong Biaozhunhua Jianshe Zhinan
水运工程施工标准化建设指南

Xianchang Bushe Pian
现场布设篇

水运工程施工标准化示范创建工作指导组

人民交通出版社股份有限公司
China Communications Press Co.,Ltd.

内 容 提 要

本书为《水运工程施工标准化建设指南》现场布设篇分册,是在总结全国水运工程施工标准化示范创建活动成果的基础上,吸纳全国水运工程施工标准化创建的实践经验和创新成果编制而成。本书从"绿色、环保、安全"的角度出发,结合两区三场集约化管理原则,采用大量工程实例图片进行示意,兼顾指导性和普遍性的要求,提出了因地制宜、有利于风险防控和文明施工的水运工程施工现场布设内容,相关内容符合现行水运工程标准规范,对深入推进施工标准化建设具有重要的指导作用。

本书可供水运工程施工管理人员参考使用。

图书在版编目(CIP)数据

水运工程施工标准化建设指南. 现场布设篇 / 水运工程施工标准化示范创建工作指导组组织编写. —北京:人民交通出版社股份有限公司,2019.11

ISBN 978-7-114-15935-0

Ⅰ.①水… Ⅱ.①水… Ⅲ.①航道工程—工程施工—标准化管理—指南 Ⅳ.①U615-62

中国版本图书馆 CIP 数据核字(2019)第 239959 号

水运工程施工标准化建设指南系列

书　　名:	水运工程施工标准化建设指南　现场布设篇
著　作　者:	水运工程施工标准化示范创建工作指导组
责任编辑:	吴有铭　刘永超　黎小东
责任校对:	张　贺　龙　雪
责任印制:	张　凯
出版发行:	人民交通出版社股份有限公司
地　　址:	(100011)北京市朝阳区安定门外外馆斜街 3 号
网　　址:	http://www.ccpress.com.cn
销售电话:	(010)59757973
总　经　销:	人民交通出版社股份有限公司发行部
经　　销:	各地新华书店
印　　刷:	北京市密东印刷有限公司
开　　本:	880×1230　1/16
印　　张:	4.25
字　　数:	88 千
版　　次:	2019 年 11 月　第 1 版
印　　次:	2019 年 11 月　第 1 次印刷
书　　号:	ISBN 978-7-114-15935-0
定　　价:	50.00 元

(有印刷、装订质量问题的图书,由本公司负责调换)

《水运工程施工标准化建设指南系列》
编审委员会

审定委员会

主　　任：黄　勇

副 主 任：姜竹生　陈　萍

委　　员：吴利科　吕卫清　顾　明　吴今权　王跃全
　　　　　蔡　杰　阮成堂　邵　宏　马玉臣　张永明
　　　　　鲍　翔　徐远明　尹　平　喻永华　卢　柯
　　　　　高艳龙　汤伟清　唐云清

编写组织委员会

主　　任：陈　萍

副 主 任：汤伟清

委　　员：曹　坤　黄宏宝　宣剑裕　郑　直　程李凯
　　　　　王　瑜　高艳辉　李　恒　于文金　刘佳东
　　　　　张佳运　熊　伟　张光达　王　毅　王泽林
　　　　　徐志峰　黄建红　吉同元　徐兴路　李同飞
　　　　　邓　桃　陈阵阵　赵殿鹏　狄小乐　丁　涛

序

标准化是现代名词,但它的产生却由来已久。常言道:不以规矩,不成方圆。秦一统天下后颁布"车同轨,书同文,行同伦"的国策,并统一度量衡,成为中华民族灿烂文化和国家经济法律的标准基石。明嘉靖年间的《龙江船厂志》说:"夫板之厚薄,每船具有定式……一尺三钉,原有成规。"强调"定式、成规"的规矩意识。现代标准化是近二三百年发展起来的。蒸汽机的出现和工业革命的开始,将标准化推向前端,成为现代工业文明的基础,现如今标准化已成为走向世界的通行证。

标准化是社会化专业化生产组织的技术纽带,是科学规范管理的内在要求,与工程建设的关系极为密切,推行标准化是国家的一项重要技术经济政策。习近平总书记强调,标准决定质量,有什么样的标准就有什么样的质量,只有高标准才有高质量。《中华人民共和国标准化法》规定:"标准化工作的任务是制定标准、组织实施标准以及对标准的制定、实施进行监督。"工程建设技术标准体系已建立健全,但各地区、各项目在"组织实施标准"方面不同程度存在不平衡、不规范的问题。特别是在施工中标准化的操作上存在较大差异,开展有组织、有规则、有措施地贯彻执行标准的活动,编制水运工程施工标准化指南,就是破解上述问题的重要措施。

在现代工程管理理念引领下,2011年高速公路施工标准化活动率先开展,形成了一大批成果,促进了工程建设管理水平和施工规范程度的双提升,并带动了质量水平的全面提升。2015年底,全国水运工程施工标准化活动正式拉开帷幕,以质量问题为导向,以提升质量水平为目标,坚持抓基础、抓示范、抓耐久性的原则,以13个地区、25个示范试点项目施工标准化和技术攻关创新的经验为基础,经过三年积极实践探索和系统总结,编制形成了《水运工程施工标准化建设指南》以及《水运工程建设项目质量管理体系》《水运工程建设项目质量安全责任基本清单》等成果。《水运工程施工标准化建设指南》中,场地布设科学是基础、工艺控制精准是关键、管理行为规范是保障,三者皆中规矩绳墨,方可拧成一股绳。《水运工程建设项目质量管理体系》《水运工程建设项目质量安全责任基本清单》,是《水运工程施工标准化建设指南》实施的保障,也是"施工安全文明、工艺可靠先进、管理有序受控"的内在要求。

取法乎上,仅得乎中。质量是百年大计,必须坚持高标准严要求,规范过程确保结果,将水下、隐蔽环节施工的精准控制、精细管理作为水运施工标准化实施的重中之重,将看不见、讲不清、验不了的部位、环节,通过标准化的方法和步骤,力争打造一批社会满意、经得起考验的"百年工程",促进水运工程建设高质量可持续发展,为交通强国建设添砖加瓦。

心存敬畏,方得始终,手有规矩,才成方圆。让习惯符合标准,让标准成为习惯,标准化有你有我,我们永远在标准化的路上。

交通运输部安全与质量监督管理司

2018 年 11 月 13 日

编 制 说 明

《中共中央 国务院关于开展质量提升行动的指导意见》中将"加快推进工程质量管理标准化,提高工程项目管理水平"列为重要任务。《交通运输部关于打造公路水运品质工程的指导意见》(交安监发〔2016〕216号)也将推进工程施工标准化作为打造品质工程、提升工程管理水平的重要举措。为进一步提升水运工程建设质量安全管理水平,促进水运工程质量管理方式转变,提升水运工程质量安全总体水平,实现行业健康有序发展,2015年8月,交通运输部印发《交通运输部办公厅关于开展水运工程施工标准化示范创建活动的通知》(交办安监〔2015〕125号),在行业内开展为期三年的覆盖13个示范创建地区、25个项目的水运工程施工标准化示范创建活动,并明确在全面总结提炼各地区工作基础上,编制形成《水运工程施工标准化建设指南》(以下简称《指南》),在行业中推广应用。

《指南》定位为管理手册,区别于施工作业指导书、施工组织设计与行业标准规范,旨在对项目管理层策划和施工标准化实施起到指导作用,以水运工程质量安全问题为导向,从全行业通用、便于推广应用的角度,在成熟的、完整的工艺基础上,进一步总结经验,倡导工业化建造、装配化施工、精细化管理,引导和推动企业积极研发和应用性能可靠、先进适用的新技术、新工艺、新设备和新材料,推动实现"施工安全文明,工艺可靠先进,管理有序受控",不断提升水运工程外观质量和耐久性。

《指南》作为水运工程施工标准化示范创建活动重要成果之一,由交通运输部安全与质量监督管理司组织,活动协调办公室牵头,工作指导组成员单位具体负责,参加单位分工协作开展编写,随活动开展同步进行。《指南》由现场布设篇、管理行为篇、施工工艺篇3部分组成,其中施工工艺篇分为码头工程、船闸工程、内河航道整治工程、航电枢纽工程4个分册。现场布设篇坚持"绿色、安全和环保"理念,结合水运工程建设特点,按照两区三厂集约化管理原则,提出因地制宜、有利于风险防控和文明施工的思路对工程现场进行合理布局。管理行为篇以构建基于信息化的质量安全管理体系为核心,主要立足项目管理,着眼施工现场,以水运工程质量安全责任基本清单为基础,梳理工程实施的主要管理工作事项,明确项目各环节管理要素之间的逻辑关系,突出专项方案落实、首件工程认可、平安工地建设等重点内容。施工工艺篇以提升实体质量和精细化水平为落脚点,围绕"工艺简述、施工准备要点、工艺实施流程、工艺控制重点"四个方面展开,主要阐述重要安全技术条件、施工中易忽视环节、质量控制关键措施、通病防治措施等要素。

《指南》编制过程中,江苏省交通运输厅工程质量监督局、福建省交通建设质量安全监督局、浙江省交通建设工程监督管理局、河北省水运工程质量安全监督局、江西省交通建设工程质量监督管理局、上海市交通建设工程质量监督站、广东省交通运输厅、长江航务管理局、南京水利科学研究院作为各分册主编单位,付出了极大的心血。26家单位69名基层一线从业人员参与了编制工作,同时25个试点项目各参建单位给予了大力支持。15家从业单位的专家参与了对《指南》的审定,吴利科、吕卫清、顾明、吴今权等全国水运工程建造、勘察设计大师对《指南》提出了许多宝贵意见,特别是吴利科同志作为总校单位负责人对全书进行了指导和审核把关,在此一并表示感谢。

水运工程施工标准化示范创建工作指导组
2018年11月13日

前　言

本书为《水运工程施工标准化建设指南　现场布设篇》分册。全书以推动实现水运工程建设管理的标准化、规范化、精细化为目标，从提高水运工程建设生产和生活环境着眼，坚持"以人为本""绿色、安全和环保"理念，从实际出发，倡导工厂化、集约化的施工生产，兼顾了指导性和普遍性的要求，细化明确水运工程施工现场布设内容，包括总则，总体布局，施工驻地，工地试验室，场站建设，临时道路、码头和围堰，施工作业区，施工临时用电，消防安全等九章。本书提出的措施和做法，是示范创建项目成功经验的总结提炼，体现了水运工程施工标准化建设的新水平，对于深入推进施工标准化建设具有重要的指导作用。

本书编制过程中，上海市交通建设工程安全质量监督站作为主编单位，联合上海国际航运中心洋山深水港区四期工程建设指挥部、中交第三航务工程局有限公司、中建港务建设有限公司等单位通力协作，同时得到了江苏省交通运输厅工程质量监督局、广东省交通运输工程质量监督站等单位的大力支持和帮助，在此一并表示感谢。

因初次编制，请各单位在执行过程中，将发现的问题和意见及时函告上海市交通建设工程安全质量监督站（地址：上海市徐汇区淮海西路343号K座2楼，邮编：200030），以便修订时参考。

本书各章主要编写人员如下：

第1、2章：王跃全、王瑜、吴庆飞

第3章：周亚平、胡令、郭导

第4章：王瑜、郭导、方晓邦

第5章：韩振飞、庄文福、高煜铭

第6、7章：狄小乐、高煜铭、庄文福

第8、9章：周墨、谢斌、徐妙锦

统稿和总纂：王瑜、周墨、胡令

总校：吴利科、汤伟清、黎亚舟

目 录

1 总则 ·· 1
   1.1 目的及适用范围 ·· 1
   1.2 编制依据 ·· 1
   1.3 基本要求 ·· 1
2 总体布局 ·· 2
   2.1 基本规定 ·· 2
   2.2 建设要求 ·· 2
3 施工驻地 ·· 3
   3.1 基本规定 ·· 3
   3.2 建设要求 ·· 3
   3.3 标识标牌 ·· 10
4 工地试验室 ·· 12
   4.1 基本规定 ·· 12
   4.2 建设要求 ·· 12
   4.3 标识标牌 ·· 15
5 场站建设 ·· 16
   5.1 基本规定 ·· 16
   5.2 混凝土拌和场 ·· 16
   5.3 构件预制场 ·· 20
   5.4 钢筋加工场 ·· 22
   5.5 模板加工场 ·· 25
   5.6 标识标牌 ·· 26
6 临时道路、码头和围堰 ·· 28
   6.1 基本规定 ·· 28
   6.2 一般要求 ·· 28
   6.3 标识标牌 ·· 29
7 施工作业区 ·· 31
   7.1 基本规定 ·· 31

7.2	安全防护	32
7.3	起重吊装设备	37
7.4	施工船舶	38

8 施工临时用电

8.1	基本规定	40
8.2	临时用电设计	40
8.3	临时用电架设	41
8.4	标识标牌	44

9 消防安全

9.1	基本规定	45
9.2	一般要求	45
9.3	消防设施配置	46

附录 A 标识标牌设置要求 …… 49

1 总　　则

1.1 目的及适用范围

为实现水运工程施工管理的标准化、规范化、精细化目标，加快推进工厂化、集约化的施工生产，改善生产、生活环境，优化资源配置，提高工作效率，促进工程建设管理方式转变，提升水运工程建设总体水平，实现行业健康有序发展，结合全国水运工程建设实际，制定本指南。

1.2 编制依据

(1)《交通运输部办公厅关于开展水运工程施工标准化示范创建活动的通知》(交办安监〔2015〕125号)；
(2)《公路水运工程质量监督管理规定》(交通运输部令2017年第28号)；
(3)《水运工程施工安全防护技术规范》(JTS 205-1—2008)；
(4)《施工现场临时用电安全技术规范》(JGJ 46—2005)；
(5)《建设工程施工现场供用电安全规范》(GB 50194—2014)；
(6)《建设工程施工现场消防安全技术规范》(GB 50720—2011)；
(7)《安全标志及其使用导则》(GB 2894—2008)；
(8)《公路水运工程施工安全标准化指南》；
(9)《公路水运工程工地试验室标准化建设指南》；
(10)国家及交通运输部发布的标准规范和相关文件。

1.3 基本要求

现场布设本着安全、合理、实用、经济的原则，坚持以人为本、因地制宜、统筹规划、合理布局，同时考虑对后期工程建设的影响程度，充分利用现场条件，最大化地方便和服务施工。

现场布设在参照本指南时，应符合国家现行安全生产、环境保护和节能减排等有关规范规定。工地建设临时用地应按照国家及地方有关规定办理审批手续。

2 总体布局

2.1 基本规定

2.1.1 现场布设应结合水运工程建设特点,按照"两区三场"集约化管理原则,进行合理规划布置,实现有效分离和封闭管理。航道工程等线路较长、不具备集中布设条件的,可按施工段分段规划设置办公区、生活区和各类场站,提高施工管理效率。

2.1.2 办公区、生活区选址宜靠近项目现场,并注意改善和保障工作生活条件。

2.1.3 各类拌和场、构件预制场和材料加工场等,应实现混合料(混凝土)集中拌制、钢筋集中加工、构件集中预制的"三集中"管理要求。工地试验室宜设置在拌和场或办公区。

2.2 建设要求

2.2.1 施工单位进场前,应对项目所在地及周边环境和影响因素开展详细调查,办公区、生活区和场站选址应避开易发生山体坍塌、滑坡、泥石流或易受潮水、台风、洪水侵袭和雷击等自然灾害的区域。

2.2.2 易产生噪声、粉尘、烟雾和对人体有害物质的作业场区,应避开办公区、生活区规划布置,或采取隔离措施,应符合安全生产和环境保护的相关规定。

2.2.3 施工现场应保证水、电、道路和通信畅通,统一规范设置防护设施、标识标牌及其他各类临时设施。

2.2.4 鼓励创新管理,加强项目信息化建设。可设置标准化工艺示范展示区、安全体验区等专门区域,开展品质工程和安全宣贯教育。运用现场远程视频监控系统、扬尘噪声监测系统、BIM技术等,提升科技管理手段。

3 施工驻地

3.1 基本规定

3.1.1 施工驻地主要指办公区和生活区,是办公、休息、生活的临时或半永久的建筑物和构筑物以及道路、围挡(围墙)和配套设施等。施工驻地宜为独立封闭式布置,选择在有利于现场施工管理、出入安全顺畅的区域。

3.1.2 临时设施建设方案应依据招投标文件及相关合同文件要求进行编制,经监理、建设单位审批同意后建设。临时设施建设完成且应按相关要求进行验收后,方可投入使用。

3.1.3 施工驻地建筑物应根据各企业 CI 体系或建设单位的特殊要求进行建设,风格体现企业文化特点。

3.2 建设要求

3.2.1 总体布置

3.2.1.1 办公区、生活区建设应安全、适用、经济、美观,满足工作生活需要。

3.2.1.2 施工驻地应科学合理进行功能分区,划分办公区、生活区以及相应的文体娱乐区域、停车场和绿化区等,根据需要设置卫生间、浴室、餐厅、厨房、文娱活动室及民工学校等设施,见图 3.2-1～图 3.2-4。主要功能区域面积和房屋面积可参照表 3.2-1、表 3.2-2 确定。

图 3.2-1 现场布设总体布置图

图 3.2-2 办公区布置图

图 3.2-3　生活区布置图　　　　　　　图 3.2-4　停车棚布置图

表 3.2-1　主要功能区域参考面积

区域	占地	办公室	生活用房	停车场	活动休闲区	绿化
面积(m^2)	6000	800	1400	300	500	200

注：上述场地面积针对大、中型项目，小型项目可作参考，根据所在地区地形地势特点，可取 0.6~1.4 的调整系数。

表 3.2-2　生活用房参考面积

名　称	标准面积(m^2)	备　注
宿舍	3.5	人均面积
食堂	0.8	人均面积
浴室	0.3	人均面积，总面积不小于 $20m^2$
厕所	0.2	人均面积，总面积不小于 $20m^2$

3.2.1.3　临建方案应包括自建建筑使用的主要材料、办公生活区平面布置图、防风防汛措施、临建施工工艺等内容，或租赁房屋的改造方案，同时临建方案中应包括给排水、用电、消防相关设施设置。

3.2.1.4　办公生活区内场地及道路应做硬化处理，排水设施完善，庭院适度绿化，环境整洁。

3.2.1.5　办公生活区应合理规划基础管线布设，包括排污设施、雨水管网、污水管网、供电通信管网。

3.2.2　一般要求

3.2.2.1　办公生活区临时用房可租赁或自建房屋。自建房屋可使用砖混结构、装配式结构或定型轻钢材质活动房，房屋宜单层设置，不应超过 2 层，活动板房应设置防风缆索进行加固。装配式房屋必须具有出厂合格证。

3.2.2.2　建筑材料的燃烧性能等级应为 A 级。当采用金属夹芯板材时，其芯材的燃烧性能等级应为 A 级。办公生活区临时用房，禁止使用竹、油毡、石棉瓦等易燃和对人体有害的建筑材料搭建。

3.2.2.3　办公区应根据项目规模和管理职责设置相关职能办公室，各职能办公室应相对独立，挂置名称标牌标识，室内按要求张贴岗位职责制、安全责任制等制度图表，见

图 3.2-5。办公室除配备必要的办公桌椅、设备外,应配备部分桌椅、茶几等家具,配备文件柜,适当摆放绿植装饰,做好卫生清理,保证办公环境整洁。

3.2.2.4 内走廊式的布置方式,廊道宽度不小于1.5m,墙面可设置宣传栏,张贴宣传标语标牌。

3.2.2.5 生活区地面应做硬化处理,设置指定的晾衣区域,并安排专人保洁。宿舍室内净高度不应小于2.6m;人均居住面积不应小于$3.5m^2$。

3.2.2.6 宿舍内严禁使用通铺,保证每人单铺(可上下铺),并配置桌凳、储物柜、生活用品柜、清扫工具、照明灯具(节能灯)等必要的设施,配备电扇或空调设备等,见图3.2-6。

图3.2-5 办公室布置图

图3.2-6 民工宿舍布置图

3.2.2.7 办公生活区临时用电应设独立网络供电,有完善的接零、接地保护,所有电气线路、开关、插座应按规范规定固定设置。

3.2.2.8 现场应配备应急医药箱,并落实人员保管。

3.2.3 大门和围墙

3.2.3.1 办公生活区大门可采用无门楼式或门楼式大门。外海、空旷区域应重点考虑防风,通常采用无门楼式,右侧悬挂企业标识牌,左侧悬挂项目名称。大门宽度应大于或等于5m,能满足车辆进出及人员通行要求,采用平移式或向内开启方式,两侧门墩宜采用砌筑方式,见图3.2-7。封闭式大门高度应与围墙保持一致,保证整齐美观,两门柱上方可设置照明灯具。有条件的应考虑人车分离,单设人员通道。

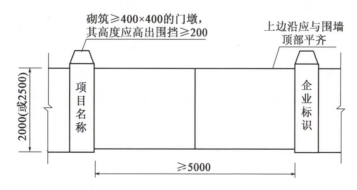

图3.2-7 办公生活区大门示意图(尺寸单位:mm)

3.2.3.2 大门内侧应设置门卫(值班)室,一般为独立单体,按人均 4m² 配备,满足防雨、保温、照明、通信和大角度通视等要求。设置正面门窗以及侧窗,侧墙粘贴报警电话告知牌,重点区域(如大门内侧)应设视频监控设备,见图 3.2-8。

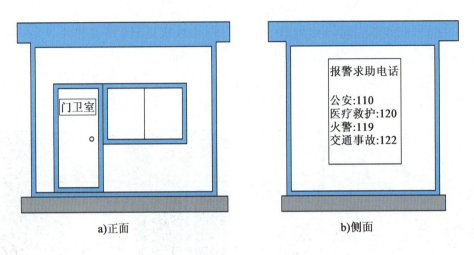

图 3.2-8 门卫室示意图

3.2.3.3 围墙可采用砖砌或彩钢板材料,高度不低于 2m。围墙外侧可涂刷企业标识或宣传栏等。

3.2.4 区内场地

3.2.4.1 办公生活区内应在适当位置布设"五牌一图"(详见 3.3.1)、宣传栏、旗台、停车区等,场地应做硬化处理,并适当绿化。

3.2.4.2 大门内侧应规范设置"五牌一图",具体要求见 3.3.1。视情况设置工程目标告示牌、安全生产天数计数牌、工人维权牌、工程效果图等。

3.2.4.3 场地正中设置旗台的,旗台底座断面宜为梯形,长 3.0~3.5m。底座正面贴字,内容为企业标识或企业核心理念,旗杆设置三根,间距为 1.0~1.5m,中间杆高为 8~12m,悬挂中华人民共和国国旗,两侧杆比中间杆低 0.5m,分别挂施工单位司旗和安全旗,见图 3.2-9、图 3.2-10。

3.2.4.4 根据项目实际情况,驻地应设置一定数量停车场,停车场喷涂车位标线,并设置停车指示牌。

3.2.5 食堂

3.2.5.1 食堂(含餐厅)面积人均不小于 0.8m²,且总面积不小于 60m²。结构形式宜采用砖混结构,内墙面颜色原则上为白色,厨房间和备餐间周边墙面应铺贴瓷砖,瓷砖高度不小于 2m,地面应做防滑处理,并设置良好的排水系统。

3.2.5.2 食堂应依法取得餐饮服务许可证,室内明显位置贴有食堂卫生管理制度、食堂岗位责任制、卫生许可证、健康证等,见图 3.2-11、图 3.2-12。就餐区配置食堂导向牌和安全知识宣传栏,并配备餐桌及餐椅。

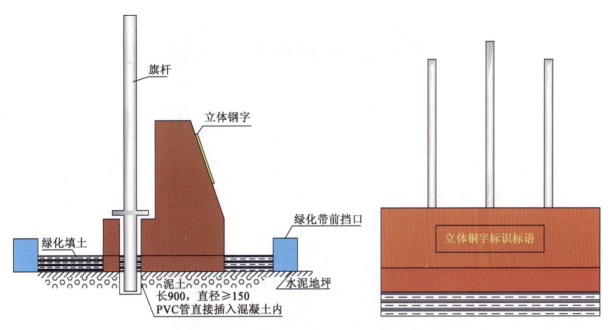

图 3.2-9　旗台侧面示意图(尺寸单位:mm)　　　图 3.2-10　旗台正面示意图

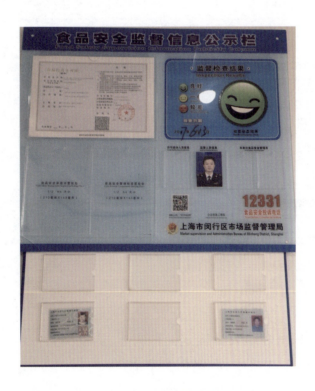

图 3.2-11　食堂卫生证

3.2.5.3　食堂设置独立备餐间,并安装纱门、纱窗。食堂应设置蔬菜、水产、禽肉、餐用具四类清洗池,另设一个工具清洗池,见图 3.2-13、图 3.2-14。食堂厨房操作台、灶台、备餐台应采用食品级不锈钢材质。

3.2.5.4　食堂应分回路设置动力用电、照明用电,配备必要的排风设备和冷藏设备。燃(煤)气罐应单独设置存放间,存放间应通风良好并严禁存放其他物品。

图 3.2-12 食堂卫生管理制度

图 3.2-13 食堂操作间

图 3.2-14 食堂窗口

3.2.6 浴室

3.2.6.1 浴室面积根据驻地人员确定面积大小,男女分设。参照表 3.2-2,按最高峰人数计算,人均面积不小于 0.3 m²,总面积不小于 20 m²,每个淋浴位面积不小于 2 m²。

3.2.6.2 淋浴间与更衣间应隔离。淋浴间满足冷、热水供应,墙壁瓷砖贴面,地面全部采用防滑地砖,设置至少一扇百叶式窗户或排风电器,排水、照明、通风良好。更衣间应设置挂衣架、橱柜、凳子等,并使用防水电器。

3.2.6.3 淋浴间的入口处门外应设置遮挡墙或遮挡板,在严寒季节入口处应设有防寒措施。

3.2.6.4 浴室热能、照明宜优先采用太阳能电器,照明灯具应符合防水、防爆标准要求。

3.2.7 厕所

3.2.7.1 厕所应男女分设,满足通风和采光要求,配置照明电器。厕所面积参照表3.2-2,蹲位不应小于1m²/人,蹲位之间设置高度不小于1.2m的隔墙或隔板。厕所内应安装节能型冲水设备,保证水量供应。

3.2.7.2 厕所内墙面应铺设面砖,高度不小于1.5m(彩钢板房除外),便池采用面砖或金属板等材料饰面,饰面高度不小于1.5m。便槽采用面砖或金属板等材料饰面。

3.2.7.3 办公(生活)区设置的厕所,应同步设置符合专项标准的化粪池,厕所排污管道应连接化粪池,并按规定委托相关环卫单位定期清理化粪池。化粪池按规范要求砌筑,化粪池盖板采用钢筋混凝土盖板,外设吊钩,方便吊起以定期清理沉淀物。严禁将厕所冲洗物直接排入市政污水管道、河道或土坑内。

3.2.8 文体活动场所

3.2.8.1 文体活动室可结合民工学校一并建设,面积一般不小于20m²,具备活动、学习条件,书籍、报刊、杂志等配备齐全,见图3.2-15。

3.2.8.2 活动场所可包括乒乓球场、篮球场、羽毛球场等,以及相关的健身、娱乐等活动场所,见图3.2-16。

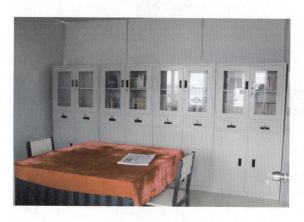
图3.2-15 阅览室

图3.2-16 篮球场

3.2.9 用水用电

3.2.9.1 办公区及生活区用电应由总配电箱接出至固定的二级配电箱,再分配到每栋建筑。办公生活区用电原则如下:
(1)每栋房屋必须设置一个独立的配电箱。
(2)每栋设置一个断路器、一个漏电保护器。
(3)所有电缆、电线必须穿护套管。
(4)电线、电缆均在吊顶面板以上布设。
(5)总配电房必须采用砖混结构,门口张贴安全警示标识。

3.2.9.2 用水由城市用水管网指定点接入,采用PPR管道进行分接;如无法接入城市用水,应设置集水池,外海或孤岛施工时宜配备海水淡化装置,生活用水须经检验合格后方可使用,生产用水须满足相关规范要求。

3.2.9.3 办公生活区设置排水明沟及雨水井,雨水管道采用 U-PVC 加筋管。污水主管采用 U-PVC 加筋管,厨房、卫生间的污水经油污分离池后通向污水管道,油污分离池采用砖砌结构。

3.2.10 消防设施

施工驻地的消防设施相关要求见本指南第 9 章。

3.3 标 识 标 牌

3.3.1 五牌一图

3.3.1.1 办公区应在明显位置设置"五牌一图",具体内容为:工程概况牌、管理人员名单及监督电话牌、消防保卫牌、安全生产牌、文明施工牌和施工现场平面图(图 3.3-1),图牌尺寸可参照附录 A。

图 3.3-1 五牌一图

3.3.1.2 工程概况牌应标明工程名称、工程范围、建设单位、设计单位、监理单位、施工单位、质量安全监督机构等内容。

3.3.1.3 管理人员名单及监督电话牌应标明项目经理、技术负责人、安全负责人、工点相关负责人员、总监理工程师、监理工程师及监督电话等。

3.3.1.4 消防保卫牌应标明施工合同段的消防保卫制度、组织机构及联系电话等内容。

3.3.1.5 安全生产牌应告知安全生产管理制度相关内容,也可将安全生产目标、宣传标语等进行告知。

3.3.1.6 文明施工牌包含文明生产管理制度、组织机构等内容。

3.3.1.7 施工现场平面布置图应采用图示方式进行施工现场布置,注明位置、面积、功能。

3.3.2 办公室门牌

办公室门牌一般尺寸为 280mm×90mm 或 360mm×100mm。门牌字体宜采用加粗正黑体简体,除带办公室名称外,可标识企业标志(图 3.3-2)。标志标牌的具体规格、款式、材质可结合企业已有的视觉识别系统要求选择执行。

图 3.3-2 办公室门牌示意图

4 工地试验室

4.1 基本规定

工地试验室应与工程的特点和规模相适应,试验检测人员、仪器设备和试验环境条件等应符合相关标准的规定。

4.2 建设要求

4.2.1 一般要求

4.2.1.1 工地试验室选址应充分考虑安全、环保、交通便利及工程质量管理要求等因素。

4.2.1.2 工地试验室规划遵循总体布局合理、功能分区明确的原则。工地试验室工作区和生活区应分开设置,工作区总体上可分为试验室、办公室和资料室三部分,见图 4.2-1 ~ 图 4.2-3。

图 4.2-1 试验室

图 4.2-2 办公室

4.2.1.3 试验室应根据工程内容和特点设置,一般分为土工室、集料室、砂石料室、水泥室、混凝土室、力学室、化学室、标准养护室、样品室、留样室、外检室、储藏室等。各检测室的空间和面积应满足试验检测工作和环境条件要求。

4.2.1.4 工地试验室用房可新建或租用现有房屋。新建房屋应选择防火、保温、环保材料,并综合考虑极端气候和自然灾害的影响,必要时采取加固处理措施,保证其在使用周期内的安全性。租用房屋应安全、坚固,其空间、面积、通风、采光和保温等条件应满足使用要求,必要时应进行室内功能结构改造。

图 4.2-3 资料室

4.2.1.5 工地试验室的空间和面积应满足试验检测工作和环境条件要求,一般应综合考虑仪器设备放置、人员操作及行动通道所占用空间和面积,以及门窗位置等因素。对有温度、湿度条件要求的试验室,必要时可进行吊顶处理。

4.2.1.6 工地试验室应有良好的通风采光条件,对通风要求较高的房间(如化学室等)应设置机械强制通风设施,及时将刺激性废气排出。

4.2.1.7 工地试验室均应铺设上、下水管道,设置较完善的排水设施,并配备必要的应急水源,保证试验检测工作正常、连续开展。试验室地面应设置地漏,混凝土室、石料室等房间地面应设置水槽和沉淀池。

4.2.1.8 工地试验室应采用独立的专用线路集中配电,并设置应急电源,保证试验检测工作正常、连续开展。电线、电缆的布设应符合有关技术标准,保证使用安全。

4.2.1.9 工地试验室应根据检测工作需要和当地气候特点,设置集中采暖设备、中央空调或分体式空调等设施。

4.2.1.10 工地试验室应配备必要的安全防护、防盗和环保设施,确保人员和设备安全,避免造成环境污染。有毒化学品的处置应符合相关规定。

4.2.1.11 标准养护室的墙体和屋顶应进行防潮和保温处理,地面应设置储水装置,方便养护水回流,防止地面积水。

4.2.1.12 试验室应设置一定数量的操作台,有条件的建议采用定型装配式操作台,操作台应选用坚固、防滑、耐腐蚀材料,几何尺寸应符合有关技术标准,外观应整洁、美观、方便操作。试验室地面应平整、防滑、耐磨。

4.2.1.13 鼓励工地试验室采取网络信息化手段开展管理。

4.2.2 面积和设置

工地试验室应结合项目规模、特点设置,根据实际需要设置全部或部分检测室,以混凝土为主的试验室至少应设办公室、力学室、混凝土室、标准养护室,并按规定式样设置门牌。试验室面积及办公配备见表 4.2-1。

表 4.2-1 试验室面积及办公配备一览表

序号	名称	面积(m²),不小于	配备情况
1	办公室(兼资料室)	25 或 6m²/人	办公桌、计算机、打印机和足够的文件柜
2	土工室	20	设工作台(宽750mm,高800mm)一个
3	集料室	15	设工作台一个
4	水泥室	20	设工作台一个,配备有加温降温和除湿功能的空调一台、加湿器一个、温湿度表一个
5	力学室	25	设钢质货架两个,一个用于摆放万能试验机配件,另一个用于存放破断的钢筋试样
6	混凝土室	25	留有洗刷用水排出通道
7	标准养护室	20	全自动喷雾养护,室内四周留有50mm×80mm的水循环通道
8	化学室	20	设工作台一个,排气扇一个,存放化学危险药品的橱柜一个
9	样品室	15	放置满足要求的货架
10	储藏室	12	放置满足要求的货架

4.2.3　办公室布置

办公室内应悬挂组织机构框图、主要管理制度、人员考勤表、施工区域晴雨表等。办公室内办公桌、资料柜等应合理布置。

4.2.4　试验室配置

4.2.4.1　试验室应建立各项管理制度及操作规程,并悬挂上墙,见图4.2-4。仪器设备挂标识牌,标明名称、规格、型号、状态。仪器使用记录采用硬面夹挂在相应的仪器操作规程下面,距离地面1.4m。

图 4.2-4　试验室管理制度

4.2.4.2　试验室内仪器设备布局合理,并根据需要砌筑牢固平整的试验操作台,每台仪器设备应配备专用电源插座。

4.2.4.3 试验室电源插头的安放位置应高出地面1m以上,防止进水导致漏电。

4.2.4.4 标准养护室应分别配备温、湿度自动控制设备,见图4.2-5。

图4.2-5 养护室自动控制仪

4.2.4.5 试验室切割作业时,备有防噪声、防尘措施。土、砂、碎石废料隔仓存放,混凝土试块、钢筋废料等集中堆放,定期清理。

4.2.4.6 试验室的检测环境条件必须满足检测规程和试验室管理要求:

(1)恒温恒湿试验室配置满足要求的冷暖空调和加湿器。

(2)相邻区域的工作不相容时采取有效的隔离措施。

(3)检测过程中使用的消耗材料和物质的存储对环境条件有要求时,应有措施保证予以满足,避免材料和物质的损坏或变质。

4.3 标识标牌

工地试验室标牌应悬挂于醒目处,各试验室、办公室和资料室应设置统一规格的门牌标识,见图4.3-1、图4.3-2。

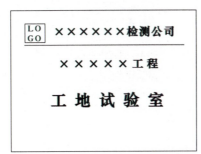 

图4.3-1 工地试验室标牌示意图(800mm×600mm)   图4.3-2 试验室门牌示意图(360mm×100mm)

5 场站建设

5.1 基本规定

5.1.1 项目场站建设应根据工程所在地自然条件,从满足环境保护、周边生态环境、安全距离、安全管理等方面要求做好选址工作。

5.1.2 场站建设应按照"三集中"要求实施,即混凝土集中拌制、钢筋集中加工、混凝土构件集中预制,充分发挥集约化施工的优势。

5.1.3 场站建设前,施工单位应先组织现场察勘。编制混凝土拌和场、构件预制场和钢筋加工场等专项建设方案,报经监理单位审查批准后方可实施。场站建设过程中,隐蔽工程须有过程检验记录,完工后验收合格方可投入使用。

5.1.4 按规定需由法定检测、检验机构检测和检验的特种设备,应经有关部门检测检验合格,做好验收记录,并定期对设备进行检查、检验。

5.1.5 消防、环保、临时用电、防雷接地、防风等设施应符合相关规范要求,临近居民区施工产生的噪声应符合《建筑施工场界环境噪声排放标准》(GB 12523—2011)的规定。

5.2 混凝土拌和场

5.2.1 一般规定

5.2.1.1 混凝土拌和场建设根据工程实际情况集中布置,采取封闭式管理。混凝土拌和场应远离生活区、居民区,尽量设在生活区、居民区下风向。

5.2.1.2 拌和场建设应分区合理,便于生产管理,且满足材料存放和中间备料的需要。拌和场占地面积参考表5.2-1。

表5.2-1 混凝土拌和场占地面积

混凝土日需求量(m³/d)	占地面积(m²)
>2000	≥5000
1000~2000	≥3500
500~1000	≥2000

5.2.1.3 三渣、水稳等拌和生产场地建设可参照混凝土拌和场相关要求。

5.2.1.4 拌和场内设排水系统,严禁场地积水。

5.2.2 场地布置

5.2.2.1 拌和场应综合考虑生产情况,合理布置搅拌机组、砂石料场、水泥(掺合料)库房或储罐、试验室(含标准养护室)、变配电房、工具房、蓄水池、污水沉淀池、停车场、场内行车通道和办公室等的平面位置。拌和场的办公区应同生产区有效隔离。混凝土拌和场见图5.2-1。

a)

b)

图 5.2-1 混凝土拌和场

5.2.2.2 拌和场应根据周边环境设避雷装置,数量满足覆盖整个拌和场。场内应设置安全标语,搅拌主机立柱粘贴反光纸。

5.2.3 场地处理

5.2.3.1 拌和场场内道路应保证混凝土运输车等施工车辆在晴天和雨天能够正常通行。

5.2.3.2 拌和场的拌和生产区、砂石材料堆放区必须进行混凝土硬化处理。拌和场场地硬化示意图见图5.2-2。

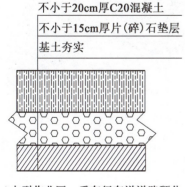
a)大型作业区、重车行车道道路硬化

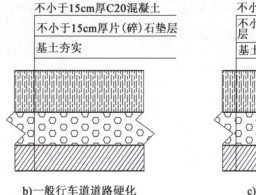
b)一般行车道道路硬化

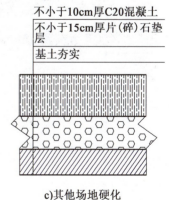
c)其他场地硬化

图 5.2-2 场地硬化示意图

5.2.3.3 场内排水宜按照中间高四周低的原则,设置不小于1.5%的排水坡度,可采用砖砌排水沟,采用砂浆抹面收光。

5.2.4 储存罐

5.2.4.1 储存散装水泥、矿粉、粉煤灰、外加剂的储存罐数量应根据产品用量选用,储存罐内粉状产品应采用计算机控制输出计量,储存罐应做好标识,避免误用。

5.2.4.2 储存罐宜采用钢筋混凝土扩大基础或桩基础为宜,具体基础采用的形式和尺寸应根据现场地质条件通过计算确定。

5.2.4.3 拌和场的储存罐体应连接成为整体,设置安装防风拉索和避雷设施,并在四周设置防冲撞设施。每个罐体可喷涂施工单位简称,字体醒目,便于识别。

5.2.4.4 储存罐专用接地网应可靠接地,与楼体、粉料仓保证可靠的电气连接;计算机控制系统应设有独立的接地网。

5.2.4.5 如拌和场使用袋装水泥,则应建造专用库房,袋装水泥堆垛高度以不超过10袋为宜。库房面积按照不小于$1.5t/m^2$的荷载标准建设,库房内地面做硬化、防潮处理;水泥架空存放,且离墙(地)距离不小于0.3m。

5.2.5 拌和楼(集料仓、搅拌设备、操作室)

5.2.5.1 集料仓及操作室的基础应根据现场地质条件通过计算确定。

5.2.5.2 集料仓的装料坡道及搅拌设备出料口位置应做特别处理,混凝土面层厚度宜适当加厚。集料仓应设相应的标志和防雨棚(集料仓示意图见图5.2-3),拌和楼四周应有完善的排水设施。

5.2.5.3 拌和楼应组建自动化信号管理和通信系统,保证混凝土搅拌运输车、搅拌系统与控制室的联系畅通。控制室内应设置视频监控系统,见图5.2-4。

图5.2-3 集料仓　　　　　　　　　　图5.2-4 监控系统

5.2.5.4 作业平台、给料仓、集料仓、水泥仓等涉及人身安全的部位均应设置安全防护装置,传动系统裸露的部位应设有防护装置和安全检修保护装置。

5.2.5.5 搅拌楼与办公区及生活区或周围其他建筑物的距离不得小于单个储存罐的高度且不小于20m。

5.2.5.6 搅拌主机采用封闭式强制型,料仓不少于 3 个,且料仓间挡板具有足够高度,防止串料;配料机应支腿加固。

5.2.5.7 控制室应安装空调,保证电气元件正常工作。

5.2.5.8 拌和设备要求采用质量法自动计量,水、减水剂计量必须采用全自动电子称量法计量,禁止采用流量或人工计量方式,保证工作的连续性、自动性和准确性,采用计算机控制且具备打印功能。配合比标识牌须悬挂在控制室前的醒目位置。

5.2.5.9 拌和设备的计量设施应委托具备计量标定资质的单位定期进行静态标定,并出具标定检测报告,方可投入生产。使用过程中应定期(一般不超过一个月)进行动态自校标定,确保计量符合精度要求。

5.2.5.10 当混凝土有控温要求时,拌和场应配备相应的温度测量和生产控制设备。

5.2.6 料仓

5.2.6.1 砂石料场必须设防雨棚,并满足机械设备操作空间的要求。料场采用隔墙分隔,隔墙宜采用不小于 0.3m 厚的混凝土或砌筑墙,应满足堆料要求,高度一般不低于 2.5m,必须确保各个料仓间不串料,并设置相应的质量状态标识;标识内容包括材料名称、产地、规格、数量、进料时间、检验状态、试验报告号、检验批次等。料仓示意图见图 5.2-5。

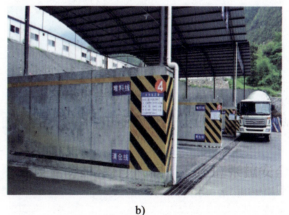

a)   b)

图 5.2-5 料仓

5.2.6.2 堆料场各料仓的容量应满足最大单批次混凝土连续生产的需要,且单仓容量不小于 800m³。

5.2.7 外加剂库房

5.2.7.1 库房地面应做硬化处理,外加剂存放应架空离地面 30cm 以上,同时离四周墙壁 30cm 以上,存放高度不得超过 1.5m。

5.2.7.2 罐装外加剂储罐外宜搭设轻型钢结构顶棚。

5.2.7.3 不同批次、不同品种、不同生产日期的外加剂应分开存放,并根据不同的检验状态和结果采用统一的材料标识牌进行标识。

5.2.8 生产能力及规模

5.2.8.1 搅拌楼生产能力应满足单次最大混凝土方量需求,单机生产能力宜不低于60m³/h,应设置备用电源。

5.2.8.2 运输车数量满足混凝土浇筑连续性的需要。运输车储料罐必须密封、不漏浆,容量不小于6m³。

5.2.9 安全文明施工

5.2.9.1 站内各功能区必须在明显位置设有消防设施,灭火器材数量和型号必须满足消防规定。

5.2.9.2 根据场地条件合理设置车辆设备冲洗设施、废水沉淀池(图5.2-6、图5.2-7),施工污水必须处理达标后方可排入当地市政污水管网。废油、废料等应按地方要求明确处置措施。

图5.2-6　车辆冲洗设施　　　　　　图5.2-7　分级沉淀池

5.2.9.3 拌和设备应全封闭,减少或防止粉尘污染。地面定期洒水,对粉尘源进行覆盖遮挡。水泥、粉煤灰等材料进料时,应检查材料罐顶的密闭性能,粉尘较大时停止上料,待处理完成后方可继续。

5.2.9.4 拌和场应每天清理,以保持场内整洁卫生。每次混凝土拌和作业完成后,及时清洗机具,清理现场,保持场地清洁。

5.3 构件预制场

5.3.1 一般规定

5.3.1.1 钢筋混凝土沉箱、预应力梁板、桩、电缆沟及盖板、挡板、挡墙砌块、联锁块等构件应集中预制生产。

5.3.1.2 预制场地应分区布置,宜分为生产区、养护区、成品区以及办公区等,并设置标识牌。

5.3.1.3 分区应根据施工工艺、预制构件数量及堆存期限的要求,结合当地具体条件,合理规划安排,方便预制构件出运安装,尽量减少场内搬运,减少工序之间的相互干扰。

5.3.1.4 混凝土应由混凝土拌和场集中供应。

5.3.2 预制场建设

5.3.2.1 根据施工标段构件预制数量，规划场地面积，小型预制构件场一般不小于 2000m²，大型构件场结合实际合理确定。预制场布置应符合工厂化生产的需要，道路和排水畅通，场地四周采用砖砌围墙（或通透式围栏），场地采用强度等级不低于 C15 的混凝土进行硬化，混凝土厚度不小于 10cm，道路混凝土厚度不小于 15cm。构件预制场见图 5.3-1。

图 5.3-1 构件预制场

5.3.2.2 预制场场地硬化按照四周低、中心高的原则进行，面层排水坡度不应小于 1.5%，场地四周设置排水沟，在场地外侧合适位置设置沉砂井和污水过滤池。严禁将预制场内生产生活废水、污水直接进行排放。

5.3.2.3 预制构件台座应根据不同类型构件进行设计，基础宜采用钢筋混凝土结构，预制梁板台座基础宜采用酸洗钢板或不锈钢板贴面。

5.3.2.4 养护区应采用自动喷淋养护系统结合土工布覆盖对构件进行养护，确保构件处于湿润状态。

5.3.2.5 构件存放场地应做硬化处理。如遇到软弱地基时，应进行加固处理，以满足安全堆放要求。

5.3.2.6 大型沉箱预制区、出运通道应经过承载力验算，必要时应采取加固处理。

5.3.2.7 根据构件的类型和运输方式，预制场宜设置与之相适应的出运码头。

5.3.3 构件存放

5.3.3.1 构件预制完成后，应及时对构件喷涂统一标志，标志内容包括预制时间、施工单位、构件编号、部位名称等，具备条件的可喷涂二维码，便于信息化管理。

5.3.3.2 预制构件存放应稳固、安全，并限高堆叠，设置好支垫和限位，防止侧倾、滚落和压裂。

5.3.3.3 成品堆放区应确保干燥无积水，交通顺畅，倒运吊装方便。

5.3.3.4 存放台座应设置在稳固、干燥的地基上，承重横（枕）梁必须设在经过承载力验算合格的基础上，周边排水设施完好，通道顺畅。横（枕）梁必须有足够的强度和刚度，要连成整体，不应有横坡。

5.3.4 安全文明施工

5.3.4.1 特种设备使用前应检验合格，并报验存档；特种作业人员应持证上岗。

5.3.4.2 按要求设置防火设施，灭火器材数量和型号应满足消防规定。

5.3.4.3 地面应定期洒水，每次混凝土浇筑作业完成后，及时清洗机具，清理现场，保持场地清洁。

5.4 钢筋加工场

5.4.1 一般规定

5.4.1.1 钢筋加工场地应合理选择设置地点，宜靠近主体工程。成品钢筋宜采用集中运送方式，直接运送至各施工点，减少二次搬运量。

5.4.1.2 每个合同段宜设置一座钢筋加工场，对钢筋进行集中加工。钢筋加工能力及场地面积应满足施工需要，材料堆放区、加工区、成品区应相对独立。钢筋加工场选址与规划应报监理工程师审批，内容包括位置、占地面积、功能区划分、场内道路布置、排水设施布置、水电设施及设备型号、数量等。

5.4.1.3 钢筋加工场应采用封闭式管理，四周应设置围墙或围栏防护。

5.4.1.4 钢筋堆存区应有防雨措施，加工区应搭设钢筋加工棚，宜采用钢结构搭设，顶部采用固定式拱形防雨棚，高度应满足加工设备和场内材料吊运起重设备的作业要求，并设置避雷及防风设施。双层移动顶棚钢筋加工场示意见图 5.4-1；有条件的应采用全封闭式的钢筋加工车间，见图 5.4-2。

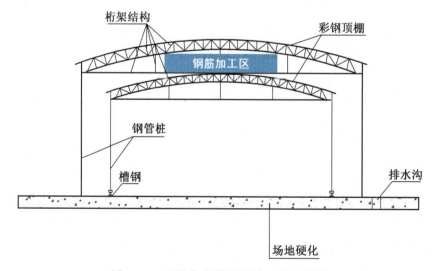

图 5.4-1 双层移动顶棚钢筋加工场示意图

图 5.4-2 全封闭式钢筋加工车间

5.4.1.5 危险设备主体及转动件应采用防护罩、防护屏、挡板等固定、半固定防护装置,进、出料口等人机接触部位应采用连锁、半连锁装置,防止发生意外事故。

5.4.1.6 钢筋加工场如配备桥式起重机或门式起重机,设备必须由专业厂家生产和安装,使用前需经相关部门鉴定,不得使用自行组装的起重机。

5.4.1.7 加工场内醒目位置应设置工程告示牌、施工平面布置图、安全生产牌、消防保卫牌、管理人员名单及监督电话牌、文明施工牌等明示标志。

5.4.1.8 钢筋加工场建设完成后施工单位应报监理工程师进行验收,验收合格后方能投入使用。

5.4.2 场地面积

根据钢筋加工量的大小,加工场地可分为大、中、小三种规模。工程应结合实际,参照表5.4-1确定加工场地面积。钢筋加工厂的原材料堆放区、半成品堆放区应根据需要满足材料的堆放要求,场地内应分区合理,便于施工管理。

表 5.4-1 钢筋加工场地面积

钢筋加工总量(t)	3000 以下	3000~6000	6000 以上
场地面积(m²)	≥1000	≥1500	≥2000

5.4.3 场地处理

5.4.3.1 应对钢筋加工场进行硬化,浇筑厚度不小于10cm的混凝土面层;应对钢筋加工场进行排水设计,做到中心高、四周低,排水坡度不应小于0.5%,场地四周应设置排水沟。场地硬化示意见图5.4-3。

5.4.3.2 场内运输道路必须做硬化处理,确保重车晴雨天都能通行,其宽度不得小于5m。

a)钢筋加工棚的场地硬化　　b)钢筋加工场的道路硬化

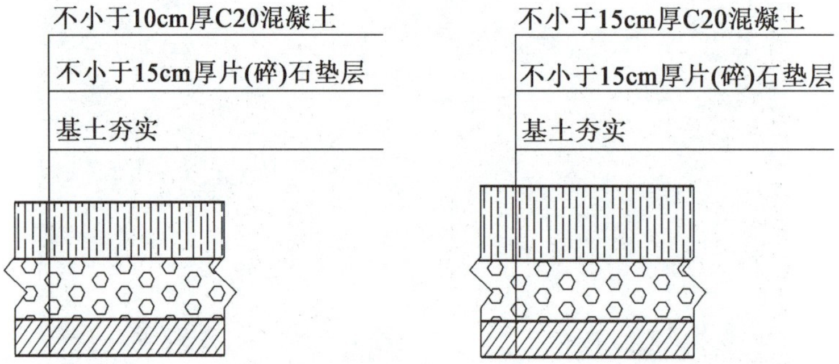

图 5.4-3　场地硬化示意图

5.4.4　材料堆放

5.4.4.1　钢筋堆场应做硬化处理且不积水，钢筋应垫高架空堆放，不同型号的钢筋应分类堆放，分别挂醒目标识牌，堆放限高小于或等于 120cm。

5.4.4.2　钢筋原材料应按照材料名称、产地、规格型号分类堆放，并挂牌标示。

5.4.4.3　钢筋半成品应按使用部位、规格型号分类堆放，并挂牌标示。钢筋及半成品堆放见图 5.4-4、图 5.4-5。

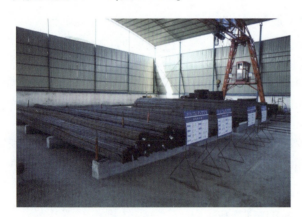

图 5.4-4　钢筋堆放

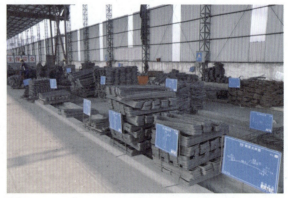

图 5.4-5　钢筋半成品堆放

5.4.5　钢筋加工设备

5.4.5.1　钢筋加工设备的种类、数量，应根据合同段内钢筋总数量及工期要求配置，以满足工程需要。钢筋集中加工数量超过 3000t 的项目，应配备数控弯曲机和弯切机等设备，见图 5.4-6。

5.4.5.2　进场机械设备必须性能良好，设备安装牢固、稳定，安装调试到位，有可靠的接地装置，电气绝缘良好。

5.4.5.3　机械设备旁应张挂相应操作规程和有关的安全规章制度，并做好设备使用、维护、保养记录。

图 5.4-6 数控钢筋加工设备

5.4.6 安全文明施工

5.4.6.1 生产及管理人员进入钢筋加工场时,应穿戴安全防护用品。现场管理人员、作业人员和安全监理人员的安全防护用品标识应严格区分。电焊工应持证上岗,防护用品穿戴规范齐全。

5.4.6.2 废水、废油等废弃物不得直接排入河流、湖泊,也不得排入饮用水源附近的土地中。

5.4.6.3 钢筋加工场应设置废料收集桶和收集区,收集钢筋加工产生的各种下脚料和废料。

5.4.6.4 钢筋加工场应每天清理,以保持场内整洁卫生。

5.5 模板加工场

5.5.1 一般规定

5.5.1.1 每个合同标段原则上设置一个模板加工场。

5.5.1.2 模板加工场应合理选择设置地点,减少进入现场的二次搬运量,同时做到加工与施工互不干扰。加工场宜远离生活区、居民区,尽量将其设于场地下风向。

5.5.1.3 模板加工场应实行封闭管理,储存区、加工区、成品区布设合理,设置明显的标识标牌。

5.5.1.4 场内施工用电应规范管理,各作业区用电回路分开设置,加设断路器和漏电保护器。

5.5.1.5 场内消防设施符合相关规范要求。

5.5.2 加工场建设

5.5.2.1 模板加工场内主要作业区、堆放区及道路应做硬化处理。场内加工棚采用轻钢结构搭设,宜设围墙或围栏防护。

5.5.2.2 木材加工时应有降尘措施,对操作时产生的锯末、刨花应及时清运,保持工作面的清洁。可重复利用的木料经处理后分类码放,合理使用,节约资源。

5.5.2.3 木模板加工场严禁将火源带入,场内不得吸烟,木工棚应采用防火材料搭设,现场必须配有灭火器材,大型木工加工场应配置消防水源和相应的消防设施。

5.5.2.4 危险设备主体及转动件应采用防护罩、防护屏、挡板等固定、半固定防护装置,进、出料口等人机接触部位应采用连锁、半连锁装置,防止意外和发生事故。

5.5.2.5 钢模板加工场应根据工艺流程合理布置各类生产设备,按照下料→切割→机加工→焊接→打磨等工序形成流水作业,并配备必要的起重吊运设备。

5.5.2.6 设备之间、设备与通道之间应按照规定留足空间,防止发生碰撞事故。

5.5.3 材料堆放

5.5.3.1 木枋、模板及周转材料应分类堆放,上盖下垫,地面硬化且不积水,堆放限高2m。

5.5.4 安全文明施工

5.5.4.1 严格执行有关安全技术操作规程,工作完毕后应及时关闭设备(机械),切断电源,确认安全后方可离开现场。加工场地应定时清扫木屑、刨花,并运至指定地点堆放。

5.5.4.2 加工剩余的短小材料或废料应合理回收,充分利用。

5.5.4.3 严禁将不易降解的合成材料等擅自填埋。

5.5.4.4 根据施工现场情况及相关规范要求采取防火、隔声、防尘等措施。

5.6 标识标牌

(1)应在场内醒目位置设置施工平面布置图、安全生产牌、消防、文明施工牌等标识,见图5.6-1、图5.6-2。

图5.6-1 安全警示牌

图5.6-2 安全宣传牌

（2）场内及出入口应设置禁止标识、警告标识；机械附近应悬挂机械操作安全规定公示牌。必须在醒目的位置悬挂"禁止吸烟"和"严禁烟火"标识。

（3）拌和楼醒目位置应悬挂混凝土配合比标识牌，标识牌采用镀锌铁皮制作，油漆喷涂确保不褪色，数字采用彩笔填写，字迹工整清晰。标识牌内应包括混凝土设计配合比（含外加剂）及各种材料的用量等内容。混凝土配合比标识牌尺寸及样式可参考附录 A。

（4）预制构件成品标识牌应注明产品型号、浇筑日期及养护情况等内容，标识牌尺寸及样式可参考附录 A。

（5）钢筋原材料、半成品应张挂标识牌，标识牌尺寸及样式可参考附录 A。

6 临时道路、码头和围堰

6.1 基本规定

(1)施工现场的临时道路、临时码头和围堰需根据工程实际需要,统一规划,统一建设,其规模和标准应满足施工要求。道路应保证畅通,并与现场的存放场地、施工设备等位置相协调,以满足施工作业要求。临时码头前沿水域条件良好,保证船舶航行畅通,并与现场的施工道路、存放场地、施工现场等位置相协调,以满足施工作业要求。

(2)施工便桥、临时码头和围堰等大型临时设施,应进行专项设计,并编制相应的专项施工方案,报建设单位和监理单位审批后方可实施,建设完成并通过验收后方可投入使用。

(3)建设应满足安全生产、文明施工、消防、职业健康和环境保护的需要,并与工程的规模、施工周期和当地环境相适应。

(4)道路、码头等永久工程作为临时工程使用前应进行核算,使用后应按永久工程的要求进行恢复。

(5)围堰的布置和结构需满足挡水、防渗、度汛、通航等安全要求。

6.2 一般要求

(1)车辆通行的临时道路,单车道施工便道宽度不小于4.5m,并宜设置错车道。错车道应设在视野良好地段,间距不大于300m,设置错车道路段的施工便道宽度不小于6.5m,有效长度不小于20m。双车道施工便道宽度不小于6.5m时,可不设置错车道。

(2)主要道路应进行硬化,路侧应设排水沟,沟底宽度和深度不小于300mm,以确保排水通畅(图6.2-1)。简易道路,土路基地段基层应铺设厚度不小于20cm的碎石垫层,面层采用厚度为5cm的泥结碎石面层(图6.2-2)。在软土地带应采取必要的地基加固措施。

图6.2-1 主通道硬化

图6.2-2 简易道路

(3)人行通道应与车辆通道分离,并采取隔离防护措施。人行通道应进行硬化,路面宜采用C20混凝土浇筑,厚度不小于8cm,宽度不小于1m。

(4)施工临时便桥(图6.2-3)、临时码头建设时应设置沉降位移观测点,定期监测和检查维护。

图6.2-3　施工便桥

(5)有通航要求的便桥设计应取得有关部门的许可,并充分考虑船舶防碰撞的相关措施。

(6)临时道路安排专人每天清扫,配备洒水车,做到现场无扬尘,道路路况完好,且无障碍物,确保行车安全,见图6.2-4、图6.2-5。

图6.2-4　洒水车　　　　　　　　图6.2-5　除尘雾炮机

(7)临时码头装卸作业区与人员上下区应分开布置,码头应设置临边防护栏杆,布置消防、救生、照明等设施。

6.3　标识标牌

(1)临时道路应合理限速,视情况设置安全防护设施。设置限速、限高、限载等标识牌,标识牌可根据现场实际情况按一定间距布置(图6.3-1)。

图 6.3-1 临时道路交通标识牌

（2）在急弯或特殊路段应增设相关标识，交叉路口设置警示灯，保证行车安全。对有坠落危险的临边或洞口，应按要求设置稳固的盖板、防护栏杆等安全防护设施。需占用便道进行施工作业时，应设置施工作业警示牌。在不具备通行条件的路段设置禁止通行标牌。

（3）临时便桥和临时码头的醒目位置应设置荷载使用要求、施工作业危险源告知牌、安全生产牌，以及警示、禁止等标识牌。

（4）处于通航水域的围堰，应在围堰两端设置通航安全警示标识牌。

（5）起重设备应悬挂机械操作安全规定公示牌和设备标志牌。

7 施工作业区

7.1 基 本 规 定

(1)根据工程规模设置休息区、茶水间及临时厕所等,见图7.1-1、图7.1-2。

图 7.1-1 临时厕所

图 7.1-2 休息棚

(2)施工作业区应设置防台防汛物资仓库,物资配备应满足相关规范要求。

(3)施工作业区应设置足够的照明设施,确保施工安全。

(4)施工作业区堆放的各类建材物资,应分别按规定的区域或位置实施分类堆放,并按规定设置相应的物品标识牌。

(5)脚手架、支撑体系等应设置标识牌,注明待检、合格等状态。

(6)现场预制构件、实体结构等应设置标识牌,注明部位、浇筑日期、养护情况、验收情况等信息。

(7)施工船舶应遵循安全、就近、便利等原则选取避风港区或锚地,日常停泊水域除满足安全要求外应尽可能靠近施工作业区。

(8)现场宜设置门禁系统,实行封闭式管理。

(9)施工作业区应设置施工铭牌、文明施工告知牌、危险源公示牌、安全警示标识等,见图7.1-3、图7.1-4。具体要求可参照附录A及《公路水运工程施工安全标准化指南》。

图7.1-3 危险源告知牌

图7.1-4 安全警示标识

7.2 安全防护

7.2.1 临边防护栏杆

7.2.1.1 临边防护设施使用的钢管、扣件、安全网等,必须有国家生产许可证、产品合格证、产品检测报告等。临边防护栏杆一般采用钢栏杆形式,应能承受任何方向1kN的外力。存在临边坠物危险的,应设置密目网和踢脚板,踢脚板高20cm。

7.2.1.2 临边使用的移动式栏杆可由钢管制作,钢管应符合《碳素结构钢》(GB/T 700)中Q235A钢材的有关规定。栏杆高度1200mm,可采用φ48mm×3.5mm脚手管制作,设置横挡2档,600mm高度设置一档,竖向栏杆间隔距离不大于2m一档,确保整体强度和刚度。栏杆采用红白(或黄黑)色油漆涂刷,见图7.2-1、图7.2-2。

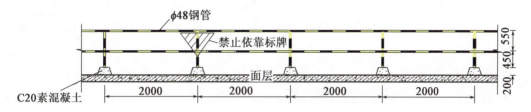

图7.2-1 移动式防护栏杆示意图(尺寸单位:mm)

图7.2-2 临边防护栏杆(底部固定)

7.2.2 施工作业通道

7.2.2.1 施工作业通道应规范设置,确保通行安全。通道宜采用模块化拼装,单件长度应依据现场情况来确定,宽度不小于600mm,通道板采用型钢制作,宜采用8mm厚度钢质网格板铺底,两侧设置安全围护栏杆,高度1200mm,上下间隔600mm采用脚手管设置2道维护栏杆,并设置竖向栏杆。

7.2.2.2 船闸、船坞等需设置垂直通道的,宜采用装配式梯笼,并设置可靠的底座和附墙固定。

7.2.2.3 通道板安装时,底部应固定可靠,防止端部滑落。通道板拼接连接时应使用焊接固定。通道和栏杆涂刷红白(或黄黑)色相间油漆,并在栏杆上悬挂警示标识、救生设施等,见图7.2-3。

7.2.3 安全网

7.2.3.1 水上施工时,结构物外侧空当应满铺安全网。安全网的设置应坚固牢靠,两侧系绳与空当两侧结构物牢固系好。安全网必须采用中间主筋绳系挂。

a)　　　　　　　　　　　　　　　b)

图 7.2-3　施工安全通道

7.2.3.2　水上安全网拉设应保证安全网封闭、可靠,不得在局部留有空缺或在安全通道出入口附近拉设,见图 7.2-4。

图 7.2-4　水上安全网

7.2.4　船舶作业水上防护

7.2.4.1　作业船在明显处悬挂规定的作业信号,锚缆入水方向白天显示明显标志,夜间应进行灯光照射,并应保持船舶自动识别系统(AIS 系统)正常开启。以作业点为中心设置安全警戒区域,严禁无关船舶、人员进入,警戒区域外设置安全警示标牌。

7.2.4.2　作业完成后应设置安全警示灯,警示灯宜采用夜光型红灯,每隔 10m 布置 1 盏。作业区依据施工应布设照明灯。

7.2.5　水上施工平台

7.2.5.1　需布置钻孔、起重等大型设备的施工平台,应有设计方案,并经监理单位审批、建设单位同意后建设,建设完成并验收合格方可投入使用。

7.2.5.2　平台应设置沉降位移观测点,定期监测和检查维护。

7.2.5.3 平台四周应设置封闭的安全围护栏杆,分段放置救生圈,救生圈上要系有回收绳,长度应在存放点至水面距离的1.5倍以上,见图7.2-5。

图 7.2-5　现场救生设施

7.2.5.4 平台临水侧应设置警戒灯和警戒旗,以防止船舶撞击,并设置足够的照明设施。

7.2.5.5 平台送水供电应合理规划布置,满足施工生产需要。平台应配备灭火器等消防设施。

7.2.6　洞口防护

7.2.6.1 短边边长小于50cm的洞口,一般加设竹、木板等作遮盖,盖板须能保持四周搁置均衡,并有固定其位置的措施,洞口周边应设置醒目标志防止车辆、人员误入。

7.2.6.2 短边边长为50~150cm的洞口,应设置以扣件扣接钢管搭设的临边防护栏杆,并在其洞口铺板封闭。

7.2.6.3 边长在150cm以上的洞口,四周除了设置防护栏杆外,洞口下还应张拉安全平网,见图7.2-6。

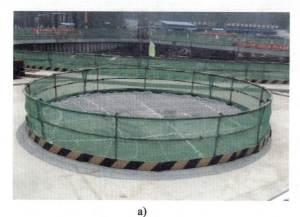
a)

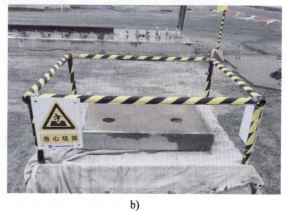
b)

图 7.2-6　洞口防护

7.2.6.4 预留洞口也可根据坑洞大小制作相应盖板,底部设置竖向支撑进行限位。盖板框架应拼接牢固,底部支撑应与盖板和坑底固定,保证盖板整体刚度。盖板应涂刷红白(或黄黑)色相间标识,见图7.2-7。

图7.2-7 洞口防护盖板

7.2.7 常用机具安全装置

7.2.7.1 施工作业区电焊机宜配备防晒防雨车,每台电焊机应配置灭火器1台,见图7.2-8。

7.2.7.2 氧气瓶、乙炔气瓶应有防倾倒装置,宜用钢结构制作。钢管的材料应符合有关规定,制作严格按图施工,尺寸正确,电焊接点牢固,典型结构见图7.2-9。

图7.2-8 电焊机防晒防雨车　　图7.2-9 氧气瓶、乙炔气瓶防倾倒支架

7.2.7.3 氧气瓶、乙炔气瓶库房应采用钢结构或彩钢板制作,顶部预留通风口。存放点放置1组灭火器及安全警示标识。库房应设置在空旷处,周围10m内不得有易燃易爆物品和动火作业。氧气瓶、乙炔(丙烷)气瓶严禁混放,仓库间距不得小于5m,见图7.2-10。

7.2.7.4 活动气瓶车设防晒棚,防晒棚上应张贴气瓶车信息牌。氧气瓶、乙炔气瓶防晒车见图7.2-11。

图 7.2-10 氧气桶、乙炔气瓶库房

图 7.2-11 气瓶防晒车

7.2.7.5 圆盘锯锯片上方安装锯片防护装置,传动部位安装防护罩,挂设操作规程,使用前进行验收。圆盘锯防护罩示意见图 7.2-12。

7.2.7.6 使用切割机时应配置防护罩,挂设操作规程,使用前进行验收。切割机防护罩见图 7.2-13。

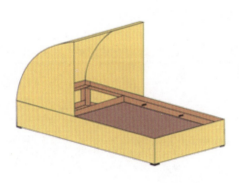
图 7.2-12 圆盘锯防护罩示意图

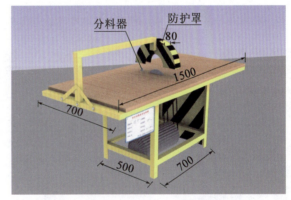
图 7.2-13 切割机防护罩(尺寸单位:mm)

7.3 起重吊装设备

(1)轨道行走式起重机、塔式起重机和门式起重机等大型起重设备,安装拆除应编制专项施工方案,履行审批程序,安装完成经验收合格方可使用。验收内容包括设备出厂合格证、监督检验证明、制造许可证(生产许可证)、使用说明书、注册(备案)登记证明及设备的相关运行记录,以及安装后具有资质的专业机构的安全性能检测报告等。通过验收的设备,应张挂验收证明。

(2)汽车起重机作业地面应平整坚实,并与沟道、基坑保持安全距离。作业前全部伸出支腿,并在撑脚板下方垫设方木(图 7.3-1)。吊装作业区域应做好警戒,见图 7.3-2。

(3)轨道行走式起重机,应有完备的抗风防滑安全装置,如防风铁楔、风缆索、夹轨器、抱轮器等。

图 7.3-1　汽车起重机支腿　　　　　　　图 7.3-2　汽车起重机作业警戒

（4）塔式起重机的安装、拆除和检验应符合《塔式起重机安全规程》(GB 5144—2006)及使用说明书中有关规定。塔式起重机倾覆范围内不得设置办公和生活区。

（5）门式起重机轨道的铺设应符合设备安装规定,倾覆范围内不得设置办公和生活区。拖地电缆宜设置在塑料或金属管材或电缆槽中,轨道接地电阻不应大于4Ω。门式起重机应安装断电停机自动限位装置,设置车挡及防撞缓冲装置(图 7.3-3),加装声光报警装置,行走时应发出声光报警信号。防台风时应加设缆风绳,见图 7.3-4。

图 7.3-3　车挡及防撞缓冲装置　　　　　　图 7.3-4　夹轨器

7.4　施 工 船 舶

7.4.1　作业船舶

7.4.1.1　施工作业船舶应按照船舶检验证书要求配置通信、消防、救生设备及应急报警设备,机舱宜加装漏水报警器。

7.4.1.2　施工船舶的梯口、应急场所等应设有醒目的安全警示标志,甲板、通道和作业场所应根据需要设有防滑装置;在大风浪中航行或冰冻天气作业时,甲板、通道和作业场所应增设临时安全护绳。

7.4.1.3　上下船舶应搭设跳板,跳板下面应挂安全网(图 7.4-1);使用软梯上下船舶应设专人监护,并备有带安全绳的救生圈(图 7.4-2);使用舷梯应控制舷梯的升降速度,升降时舷梯上严禁站人,踏步应设置防滑装置。

图 7.4-1 安全网

图 7.4-2 救生圈

7.4.1.4 施工船舶在作业、航行或停泊时,应按规定显示号灯或号型。

7.4.1.5 施工船舶应根据施工水域的水底土质、水深、水流、风向等,选择合适的锚型、锚重、锚缆,确定锚缆长度和抛锚位置。内河施工时,靠近或跨越航道的锚缆应采用链式沉缆。

7.4.1.6 船舶施工期间应配备监护船和警戒船,并应满足适航相关规范管理要求。

7.4.1.7 施工船舶靠泊后宜优先使用岸电。

7.4.2 交通船

7.4.2.1 交通船(艇)上明显位置应悬挂"限载人数"牌、"交通船安全管理规定"牌、安全警示标志牌等。

7.4.2.2 交通船按规定配备足够、有效的救生器材(救生圈、救生筏、救生艇)、消防器材(灭火器)以及防渗堵漏材料,并定期检查。

7.4.2.3 上下交通船应有稳固跳板或爬梯,见图7.4-3、图7.4-4。

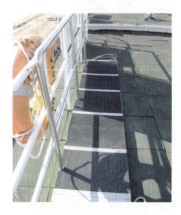
图 7.4-3 跳板

图 7.4-4 爬梯

8 施工临时用电

8.1 基本规定

根据现场实际情况,施工项目部应编制临时施工用电专项方案,并按要求进行审核、审批,方案审批通过后方可正式实施。施工现场临时用电应采用三相五线制和三级配电系统,由总配电箱、分配电箱、开关箱三级控制,实行分级配电。项目部应配有专业电工,持证上岗,进行定期线路检查维护。三级配电系统示意见图8.1-1。

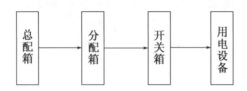

图8.1-1 三级配电系统示意图

8.2 临时用电设计

(1)施工现场临时用电应采取TN-S系统,符合"三级配电,两级保护",达到"一机一闸一漏一箱"的要求。TN-S系统示意见图8.2-1。

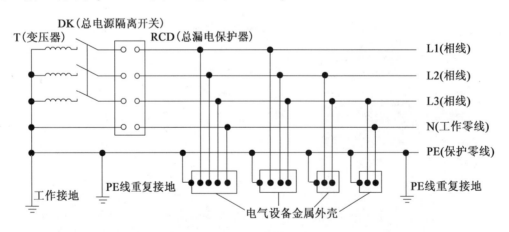

图8.2-1 TN-S系统示意图

(2)施工现场临时用电应编制专项方案、定期检查,并建立安全技术档案。建立电气防火检查制度,发现问题及时处理。

(3)临时用电设计应符合《建设工程施工现场供用电安全规范》(GB 50194—2014)、《施工现场临时用电安全技术规范》(JGJ 46—2005)的相关要求。

8.3 临时用电架设

8.3.1 配电线路选用架空布设方式的,架空线布设应满足以下规定:

(1)架空线必须采用绝缘导线,且必须架设在专用电杆上,严禁架设在树木、脚手架及其他设施上。架空线路宜采用钢筋混凝土杆或木杆。钢筋混凝土杆不得有露筋、宽度大于0.4mm的裂纹或扭曲;木杆不得腐朽,其梢径不应小于140mm。

(2)架空线在一个档距内,每层导线的接头数不得超过该层导线条数的50%,且一条导线应只有一个接头。架空线路的档距不得大于35m。架空线路的线间距不得小于300mm,靠近电杆的两条导线其间距不得小于500mm,见图8.3-1。

图8.3-1 架空线路布设

(3)电杆埋设深度宜为杆长的1/10再加上600mm,回填土应分层夯实。在松软土质处宜加大埋入深度或采用卡盘等加固。架空线路跨过道路架设时,架空线距路面垂直距离不应小于6m。

(4)架空线路绝缘子的选择:直线杆采用针式绝缘子,耐张杆采用蝶式绝缘子。

(5)架空线路必须设有短路保护、过载保护。

(6)临边临水电缆架设可利用防护栏杆,通过绝缘瓷瓶绑扎固定,每隔20m设置安全警示标识。临水临边电缆布设示意见图8.3-2。

图8.3-2 临水临边电缆布设示意图

(7)需设置陆上临时电缆支架的,可采用钢管制作,电缆支架颜色为黄黑相间。陆上电缆支架见图8.3-3。

图 8.3-3　陆上电缆支架(尺寸单位:mm)

8.3.2　配电线路电缆中必须包含全部工作芯线和用作保护零线或保护接地线的五芯电缆,淡蓝色芯线必须用作 N 线,绿/黄双色芯线必须用作 PE 线。电缆拖地敷设时宜采用电缆槽等保护措施,禁止沿地面明设,并应避免机械损伤和介质腐蚀。电缆敷设采用直埋方式的,其布设应满足以下规定:

(1)电缆类型应根据敷设方式、环境条件选择。埋地敷设宜选用铠装电缆;当选用无铠装电缆时,应能防水、防腐。埋地电缆路径应设方位标识。

(2)电缆直接埋地敷设的深度不应小于 700mm,并应在电缆紧邻上、下、左、右侧均匀敷设厚度不小于 50mm 的细砂,然后覆盖砖或混凝土板等硬质保护层。电缆直接埋地敷设方式示意见图 8.3-4。

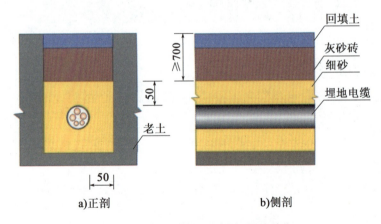

图 8.3-4　电缆直接埋地敷设示意图(尺寸单位:mm)

(3)埋地电缆穿越建筑物、构筑物、道路、易受机械损伤、介质腐蚀场所及引出地面从 2m 高到地下 0.2m 处时,必须加设防护套管,防护套管内径不应小于电缆外径的 1.5 倍。埋地电缆与附近外电电缆和管沟的平行间距不得小于 2m,交叉间距不得小于 1m。

(4)电缆线路必须有短路保护和过载保护,短路保护、过载保护电器和电缆的选配应符合《施工现场临时用电安全技术规范》(JGJ 46—2005)的要求。

8.3.3　室内配线应满足以下规定:

(1)室内配线必须采用绝缘导线或电缆。室内配线应根据配线类型采用瓷瓶、瓷

(塑料)夹、嵌绝缘槽、穿管或钢索敷设。潮湿场所或埋地非电缆配线必须穿管敷设,管口和管接头应密封;当采用金属管敷设时,金属管必须做等电位连接,且必须与 PE 线相连。

(2)室内非埋地明敷主干线距地面高度不得小于 2.5m。架空进户线的室外端应采用绝缘子固定,过墙处应穿管保护,距地面高度不得小于 2.5m,并应采取防雨措施。室内配线所用导线或电缆的截面面积应根据电气设备或线路的计算负荷确定,且铜线截面面积不应小于 1.5mm²,铝线截面面积不应小于 2.5mm²。

(3)钢索配线的吊架间距不宜大于 12m。采用瓷夹固定导线时,导线间距不应小于 35mm,瓷夹间距不应大于 800mm;采用瓷瓶固定导线时,导线间距不应小于 100mm,瓷瓶间距不应大于 1.5m;采用护套绝缘导线或电缆时,可直接敷设于钢索上。

(4)室内配线必须设有短路保护和过载保护,短路保护和过载保护电器与绝缘导线、电缆的选配应符合规范要求。对于穿管敷设的绝缘导线线路,其短路保护熔断器的熔体额定电流不应大于穿管绝缘导线长期连续负荷允许载流量的 2.5 倍。

8.3.4 配电箱、开关箱等应满足以下规定:

(1)配电系统应设置室内总配电屏和室外分配电箱,或设置室外总配电箱和分配电箱,实行分级配电,见图 8.3-5 ~ 图 8.3-7。

图 8.3-5 一级配电箱

图 8.3-6 二级配电箱

(2)所有配电箱、开关箱均编号配锁,设专人负责管理。

(3)动力配电箱与照明配电箱宜分别设置,若合置在同一配电箱内,动力和照明线路应分路设置。

(4)总配电箱应设在靠近电源的地区,分配电箱应装设在用电设备或负荷相对集中的地区。分配电箱与开关箱的距离不得超过 30m。开关箱与其控制的固定式用电设备的水平距离不宜超过 3m。

(5)配电箱、开关箱应装设在干燥、通风及常温场所,固定可靠,并保证有满足两个人同时作业的空间,其周围不得堆放任何有碍操作、维修的物品,不得有灌木、杂草。配电箱、开关箱必须防雨、防尘,见图 8.3-8。

图 8.3-7　开关箱　　　　　　　　图 8.3-8　现场配电箱

（6）移动式配电箱、开关箱应装设在坚固的支架上。固定式配电箱、开关箱的下底与地面的垂直距离应大于 1.3m、小于 1.5m；移动式分配电箱、开关箱的下底与地面的垂直距离宜大于 0.6m、小于 1.5m。

（7）开关箱内应"一机一闸"，严禁一个开关直接控制两台及以上的用电设备。

（8）配电箱和开关箱的金属箱体、金属电器安装板以及箱内电器的不应带电金属底座、外壳等必须做保护接零。保护零线应通过接线端子板连接。

8.4　标识标牌

（1）所有电箱、设备均应悬挂防触电警示牌，电缆架空或埋设均应标明线路走向及相关警示，统一规范标识牌。

（2）沿施工现场地下敷设电缆设置的警示标识牌，其基本形式见图 8.4-1。标识牌表面为黄色，字体和标识采用红色油漆喷涂。

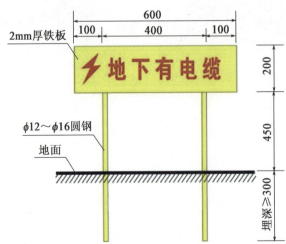

图 8.4-1　地下电缆标识牌示意图（尺寸单位：mm）

（3）配电箱、开关箱必须安排专人进行定期检查维修，检查时须将其前一级相应的电源隔离开关分闸断电，并悬挂"禁止合闸、有人工作"停电标识牌，安排专人值守。

（4）配电箱、开关箱的电源进线端严禁采用插头和插座做活动连接。

9 消防安全

9.1 基本规定

(1) 施工现场消防安全设施应符合《建设工程施工现场消防安全技术规范》(GB 50720—2011)的有关规定,现场布设应满足防火、灭火及人员安全疏散的要求。

(2) 施工现场出入口的设置应满足消防车通行的要求,并宜布置在不同方向,其数量不宜少于2个。当确有困难只能设置1个出入口时,应在施工现场内设置满足消防车通行的环形道路。

(3) 固定动火作业场应布置在可燃材料堆场及其加工场、易燃易爆危险品库房等全年最小频率风向的上风侧;宜布置在临时办公用房、宿舍、可燃材料库房、在建工程等全年最小频率风向的上风侧。易燃易爆危险品库房应远离明火作业区、人员密集区和建筑物相对集中区。

(4) 施工现场临时办公、生活、生产、物料存储等功能区宜相对独立布置,防火间距应符合要求,并设有消防和疏散逃生通道。

9.2 一般要求

(1) 易燃、易爆危险品库房与在建工程的防火间距不应小于15m,可燃材料堆场及其加工场、固定动火作业场与在建工程的防火间距不应小于10m,其他临时用房、临时设施与在建工程的防火间距不应小于6m。施工作业时,氧气瓶、乙炔瓶应与动火点保持10m以上的距离,氧气瓶与乙炔瓶的距离应保持5m以上。

(2) 施工现场主要临时用房、临时设施的防火间距不应小于表9.2-1的规定。当办公用房、宿舍成组布置时,其防火间距可适当减小,但应符合以下要求:每组临时用房的栋数不应超过10栋,组与组之间的防火间距不应小于8m;组内临时用房之间的防火间距不应小于3.5m,当建筑构件燃烧性能等级为A级时,其防火间距可减少至3m。

表9.2-1 施工现场主要临时用房、临时设施的防火间距(单位:m)

	办公用房、宿舍	发电机房、变配电房	可燃材料库房	厨房操作间、锅炉房	可燃材料堆场及其加工厂	固定动火作业区	易燃易爆危险品库房
办公用房、宿舍	4	4	5	5	7	7	10
发电机房、变配电房	4	4	5	5	7	7	10
可燃材料库房	5	5	5	5	7	7	10

续上表

	办公用房、宿舍	发电机房、变配电房	可燃材料库房	厨房操作间、锅炉房	可燃材料堆场及其加工厂	固定动火作业区	易燃易爆危险品库房
厨房操作间、锅炉房	5	5	5	5	7	7	10
可燃材料堆场及其加工厂	7	7	7	7	7	10	10
固定动火作业区	7	7	7	7	10	10	12
易燃易爆危险品库房	10	10	10	10	10	12	12

（3）工程船舶的消防，应符合现行行业标准的有关规定。

（4）项目部应设专人管理消防器材，及时发现并更换过期的灭火器材。消防器材应存放整齐，挂设醒目标识，并进行定期巡查和养护。

9.3 消防设施配置

（1）施工现场及临时用房的下列场所应配置与火灾危险源相对应的消防器材：易燃易爆危险品存放及使用场所；动火作业场所；可燃材料存放、加工及使用场所；厨房操作间、锅炉房、发电机房、变配电房、设备用房、办公用房、宿舍等临时用房；以及其他具有火灾危险的场所。

（2）施工现场灭火器类型应与可能发生的火灾类型相匹配（表9.3-1），以消防柜、灭火箱为主。办公区、生活区每层、每100m² 不少于1组（2具10L）灭火器箱，食堂每50m²不少于1组（2具10L）灭火器箱，资料室每50m²不少于1组（2具10L）灭火器箱。消防柜、灭火器及灭火器箱见图9.3-1、图9.3-2。

表9.3-1 灭火器适用范围

火灾类型	水型灭火器	干粉灭火器		泡沫灭火器		卤代烷1211灭火器	二氧化碳灭火器
		磷酸铵盐干粉灭火器	碳酸氢钠干粉灭火器	机械泡沫灭火器	抗溶泡沫灭火器		
A类火灾	适用。水能冷却并穿透固体燃烧物质而灭火，并可有效防止复燃	适用。粉剂能附着在燃烧物的表面层，起到窒息火焰作用	不适用。碳酸氢钠对固体可燃物无黏附作用，只能控火，不能灭火	适用。具有冷却和覆盖燃烧物表面及与空气隔绝的作用	适用。具有扑灭A类火灾的效能	不适用。灭火器喷出的二氧化碳无液滴，全是气体，对A类火灾基本无效
B类火灾	不适用。水射流冲击油面，会激溅油火，致使火势蔓延，灭火困难	适用。干粉灭火器能快速窒息火焰，具有中断燃烧过程的链锁反应的化学活性		适用于扑救非极性溶剂和油品火灾，覆盖燃烧物表面，使其与空气隔绝	适用于扑救极性溶剂火灾	适用。洁净气体灭火剂能快速窒息火焰，抑制燃烧链锁反应，中止燃烧过程	适用。二氧化碳靠气体堆积在燃烧物表面，稀释并隔绝空气

续上表

火灾类型	水型灭火器	干粉灭火器		泡沫灭火器		卤代烷1211灭火器	二氧化碳灭火器
		磷酸铵盐干粉灭火器	碳酸氢钠干粉灭火器	机械泡沫灭火器	抗溶泡沫灭火器		
C类火灾	不适用。灭火器喷出的细小水流对气体火灾作用很小,基本无效	适用。喷射干粉灭火剂能快速扑灭气体火焰,具有中断燃烧过程的链锁反应的化学活性		不适用。泡沫对可燃液体火灾灭火有效,但扑救可燃气体火灾基本无效		适用。洁净气体灭火剂能抑制燃烧链锁反应,中止燃烧	适用。二氧化碳窒息灭火,不留残迹,不污损设备
E类火灾	不适用	适用	适用于带电的B类火灾	不适用		适用	适用于带电的B类火灾

注:A类火灾指固体物质火灾;B类火灾指液体火灾或可熔化固体物质火灾;C类火灾指气体火灾;E类火灾(带电火灾)指物体带电燃烧的火灾。

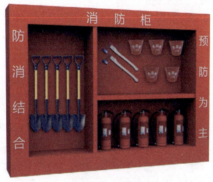

图 9.3-1 消防柜

a) 手提式水基灭火器

c) 贮压式推车干粉灭火器

d) 二氧化碳灭火器

b) 手提式机械泡沫灭火器

e) 灭火器箱

图 9.3-2 灭火器和灭火器箱

（3）灭火器应设置在位置明显和便于取用的地点，且不得影响安全疏散，摆放应稳固，其铭牌应朝外。手提式灭火器宜摆放在灭火器箱内或挂钩、托架上，其顶部离地面高度不应大于1.50m，底部离地面高度不宜小于0.08m。

（4）柴油储罐、发电机房应根据实际情况设置消防沙箱，内储沙子作为灭火材料等；灭火沙箱定制材料为木板或钢板。

（5）可燃材料搭建的办公及生活用房、人员密集的员工宿舍、建筑面积大于100m²的仓库及木工车间等适用水扑救的场所，宜设置可在自来水供水管路上使用的消防软管卷盘或轻便消防水龙等，见图9.3-3。

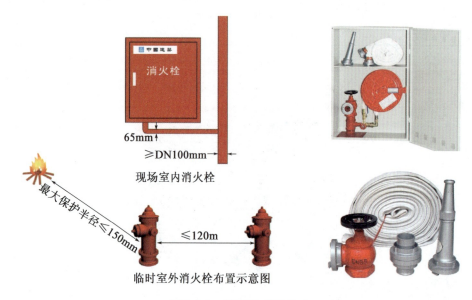

图9.3-3　消防栓、消防水龙

（6）在醒目位置张挂消防告知牌，须有消防责任制、责任人及须告知等内容。

附录 A 标识标牌设置要求

A.1 禁止标识

表 A.1 禁止标识设置要求

序号	名称	图形	制作要求	安装要求	设置范围和部位
1	禁止放易燃物		尺寸为 300mm×400mm	悬挂或粘贴	钢筋加工场、模板加工场、电焊作业区等具有明火设备或高温的作业场所,各种焊接、切割等动火场所
2	禁止入内		尺寸为 300mm×400mm	悬挂或粘贴	易造成事故或对人员有伤害的场所,高压设备室、配电房等入口处
3	禁止停留		尺寸为 300mm×400mm	悬挂或粘贴	危险路口、钢筋加工场吊装作业区、混凝土拌和场运输带下方等对人员具有直接危险的场所
4	禁止烟火		尺寸为 300mm×400mm	悬挂或粘贴	钢筋加工场、氧气乙炔存放区,混凝土拌和场油罐等易燃物堆放处和有乙类火灾危险物质的场所
5	禁止堆放		尺寸为 300mm×400mm	悬挂或粘贴	应急通道、安全通道及施工操作平台等处
6	禁止倚靠		尺寸为 300mm×400mm	悬挂或粘贴	活动栏杆、临水临边固定防护栏杆等处

续上表

序号	名称	图形	制作要求	安装要求	设置范围和部位
7	禁止抛物		尺寸为 300mm×400mm	悬挂或粘贴	高处作业区
8	禁止游泳		尺寸为 300mm×400mm	悬挂或粘贴	施工作业区临水区域醒目位置处
9	禁止曝晒		尺寸为 400mm×300mm，白底红字	悬挂或粘贴	钢筋加工场、氧气瓶及乙炔瓶存放区和使用区等易燃、易爆区域
10	严禁翻越护栏		尺寸为 400mm×300mm，白底红字	悬挂或粘贴	设立防护栏或邻近有施工现场的防护栏
11	禁止向水中排放泥浆		尺寸为 400mm×300mm，白底红字	悬挂或粘贴	施工现场水上钻孔平台
12	禁止排放油污		尺寸为 400mm×300mm，白底红字	悬挂或粘贴	施工现场水上作业平台
13	施工重地 闲人免进		尺寸为 400mm×300mm，白底红字	悬挂或粘贴	拌和场、预制场、加工场和施工工地等现场的出入口、重点部位的醒目位置
14	机房重地 闲人免进		尺寸为 400mm×300mm，白底红字	悬挂或粘贴	拌和场控制室和发电机房、抽水机泵房等处

A.2 警告标识

表 A.2 警告标识设置要求

序号	名称	图形	制作要求	安装要求	设置范围和部位
1	当心触电		尺寸为 300mm×400mm	悬挂或粘贴	变压器、配电箱、开关箱、用电设备等处
2	当心吊物		尺寸为 300mm×400mm	悬挂或粘贴	施工现场有起重吊装作业的场所
3	注意安全		尺寸为 300mm×400mm	悬挂或粘贴	施工现场各类安全风险源处
4	当心弧光		尺寸为 300mm×400mm	悬挂或粘贴	钢筋加工场和模板加工场电焊作业区等由于弧光可能造成眼部伤害的各种焊接作业场所
5	当心机械伤人		尺寸为 300mm×400mm	悬挂或粘贴	钢筋加工场机械设备处等易发生机械卷人、轧压、碾压、剪切等机械伤害的作业场所
6	当心火灾		尺寸为 300mm×400mm	悬挂或粘贴	可燃物质的储运、使用等场所,钢筋加工场、模板加工场电气焊作业区等易发生火灾的危险场所

续上表

序号	名称	图形	制作要求	安装要求	设置范围和部位
7	当心扎脚		尺寸为 300mm×400mm	悬挂或粘贴	易造成脚部伤害的作业地点
8	当心坑洞		尺寸为 300mm×400mm	悬挂或粘贴	钻孔桩等预留孔洞及各种深坑的上方,具有坑洞易造成伤害的作业地点
9	当心落水		尺寸为 300mm×400mm	悬挂或粘贴	码头临边、预制梁构件上临时通道等易落水区域
10	进入施工现场请减速慢行		尺寸为 800mm×600mm,黄底黑字	竖立	施工现场工地出入口的醒目位置,场站出入口及工点路口处

A.3 指令标识

表 A.3　指令标识设置要求

序号	名称	图形	制作要求	安装要求	设置范围和部位
1	必须穿防护鞋		尺寸为 300mm×400mm	悬挂或粘贴	易伤害脚部的作业场所,具有腐蚀、灼热、触电、碰(刺)伤等危险作业地点
2	必须戴安全帽		尺寸为 300mm×400mm	悬挂或粘贴	施工作业场所

附录 A　标识标牌设置要求

续上表

序号	名　称	图　形	制作要求	安装要求	设置范围和部位
3	必须戴防护口罩		尺寸为 300mm×400mm	悬挂或粘贴	易产生有害气体和粉尘的作业场所
4	必须戴防护手套		尺寸为 300mm×400mm	悬挂或粘贴	钢筋加工场及气割作业区等易受到手部伤害的作业场所，具有腐蚀、污染、灼热、冰冻及触电危险等作业场所
5	必须戴防护眼镜		尺寸为 300mm×400mm	悬挂或粘贴	钢筋加工场等对眼睛有伤害的作业场所
6	必须系安全带		尺寸为 300mm×400mm	悬挂或粘贴	易发生坠落危险的作业场所
7	必须穿救生衣		尺寸为 300mm×400mm	悬挂或粘贴	易发生落水危险的临边临水等作业场所
8	沉淀池危险请勿靠近		尺寸为 400mm×300mm	悬挂或粘贴	拌和场、沉淀池防护栏上
9	必须系安全绳		尺寸为 400mm×300mm	悬挂或粘贴	无法系安全带的高处作业、临边作业、悬空作业等场所

A.4 提 示 标 识

表 A.4 提示标识设置要求

序号	名 称	图 形	制 作 要 求	安装要求	设置范围和部位
1	灭火设备		尺寸为 400mm×300mm	悬挂或粘贴	钢筋加工场、模板加工场、混凝土拌和场醒目位置等需指示灭火设备的处所
2	灭火器		尺寸为 400mm×300mm	悬挂或粘贴	易燃易爆处等需指示灭火器的处所

A.5 标 牌

表 A.5 标牌设置要求

序号	名 称	图 形	制 作 要 求	安装要求	设置范围和部位
1	工程概况牌		尺寸一般为 2500mm×2000mm（在大型枢纽等工程处可根据现场情况确定尺寸）	竖立	施工工地出入口醒目位置
2	质量安全目标牌		尺寸一般为 2500mm×2000mm（在大型枢纽等工程处可根据现场情况确定尺寸）	竖立	施工工地出入口醒目位置
3	环保目标公示牌		尺寸一般为 2500mm×2000mm（在大型枢纽等工程处可根据现场情况确定尺寸）	竖立	施工工地出入口醒目位置
4	工程公示牌		尺寸一般为 2500mm×2000mm（在大型枢纽等工程处可根据现场情况确定尺寸）	竖立	施工工地出入口醒目位置

续上表

序号	名称	图形	制作要求	安装要求	设置范围和部位
5	管理人员名单及监督电话牌	管理人员名单及监督电话牌	尺寸一般为 2500mm × 2000mm（在大型枢纽等工程处可根据现场情况确定尺寸）	竖立	施工工地出入口醒目位置
6	安全文明施工牌	安全文明施工牌	尺寸一般为 2500mm × 2000mm（在大型枢纽等工程处可根据现场情况确定尺寸）	竖立	施工工地出入口醒目位置
7	重大风险源告知牌	重大风险源告知牌	尺寸一般为 2500mm × 2000mm（在大型枢纽等工程处可根据现场情况确定尺寸）	竖立	施工工地出入口醒目位置
8	施工现场布置图	施工现场布置图	尺寸一般为 2500mm × 2000mm（在大型枢纽等工程处可根据现场情况确定尺寸）	竖立	拌和场等重点工程的醒目位置，施工现场工地出入口醒目位置
9	施工标识牌	施工标识牌	尺寸一般为 700mm × 500mm（在大型枢纽等工程处可根据现场情况确定尺寸）	竖立或悬挂	单位工程、分部工程、分项工程施工处
10	机械设备标识牌	机械设备标识牌	尺寸为 400mm×300mm	悬挂、粘贴	施工机械设备处
11	材料标识牌	材料标识牌	尺寸为 400mm×300mm	竖立	储料区

续上表

序号	名称	图形	制作要求	安装要求	设置范围和部位
12	(半)成品材料标识牌	(半)成品材料标识牌	尺寸为400mm×300mm	竖立、悬挂	各种材料的半成品、成品存放区
13	混凝土配合比标识牌	混凝土配合比标识牌	尺寸为800mm×600mm	竖立、悬挂	拌和场拌和机操作房前醒目位置
14	项目负责人带班公告牌	项目负责人带班公告牌	尺寸为800mm×600mm	竖立、悬挂	施工现场
15	××操作规程公示牌	XX操作规程公示牌	尺寸为2000mm×1500mm	竖立	施工场地醒目位置
16	应急救援流程图	应急救援流程图	尺寸为1500mm×2000mm	竖立	施工现场值班室
17	应急联系电话公示牌	应急联系电话公示牌	尺寸为1500mm×2000mm	竖立	施工现场